사랑으로 껴안을 그대

비추라 / 김득수 시집

홍익출판사

시인의 말

사랑은 아름답습니다.
그러나 한편으로

혼자 겪는 아픔이기도 합니다.
사랑이란 그리움이 시도 때도 없이 찾아 와
마음을 흔들어 놓고

사랑하는 사람이 옆에 있어도

늘 허전하기만 합니다.
사랑은 처음 만남으로 기쁨을 주었지만

언젠간 이별이 따르기에

그 아픔 속에서

사랑의 소중함을 깨닫게 됩니다.
사랑이 그러하듯 이번 시선집에서는

사랑과 이별,

그리움들을 한 편의 책으로 묶었습니다.
그동안 인터넷을 통해

많은 분의 사랑과 교감을 나누던 사랑 시입니다.
시 속에 아름다움이 묻어나길 바라며
주님의 은총과 사랑이

여러분의 가정에 언제나 함께하길 기대합니다.

2008. 7. 9.
비추라 / 김득수

차례

3. 그대를 보낼 수 없는 이유

4. 그리움은 사랑입니다

5. 사랑은 미워하지 않는 것

6. 안개비는 내리고

7. 여행 중에(essay)

1.

너를 사랑하고 싶다

사랑한다는 것은

우리가 사랑하는 게
이유가 있다면 서로 좋아서
사랑하는 그것입니다.

사랑하는데 무슨
말이 필요하겠어요.
진실한 마음을 나누고
사랑 안에서 서로
머무는 것이 행복이겠지요.

가진 것은 없어도
사랑하는 사람이 있다는 것
그런 사실만으로
영원한 축복이 아닐는지요.

세상을 홀로 서 있어도
당신이란 존재 하나만으로도
든든한 버팀목이 되는 기쁨이지요.

외로울 때 서로 손을 잡아주고
보고 싶을 때
바라볼 수만 있다면
그게 사랑이 아니겠어요.

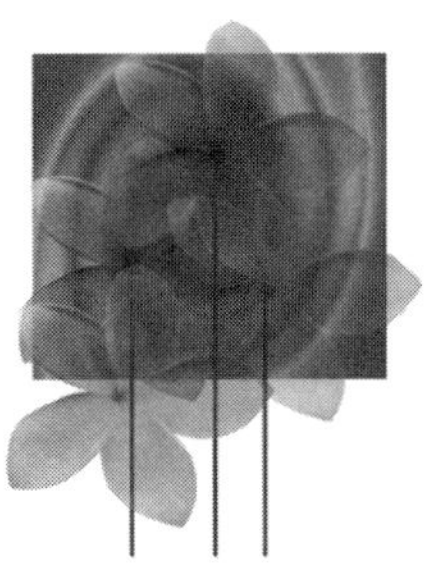

사랑하고 있네요

그대의 가슴속에
숨기신 아름다운
사랑이 드러나고 말았습니다.

사랑한단 말은 없어도
늘 마음 써 주신
사랑의 손길에
그대 사랑이 담겨 있습니다.

사랑하고 있는지는
진정한 그대의 모습에
사랑의 깊이를 잴 수가 있고,

서로 마음을
가져올 만큼 가져와
뜨거워진 마음에
사랑의 무게를 두고 있습니다.

미소 짓고
그리워하는 것만으로

사랑하는 줄 알고 있으니
애써 사랑을 감추시지
않으셔도 부끄럽지 않습니다.

핑크빛 사랑

그대의 아름다운
핑크빛 사랑을 받아갑니다.
하루를 시작하게 해주신
그대의 사랑은
참 마음에 들었어요.

꿈결같이 속삭여 오는
그대의 핑크빛 사랑은
하루가 행복으로 가득했거든요.

그저 바라만 보아도
미소가 지어진 사랑스러운 그대
마음도 따뜻해지고
세상 모든 것이
아름다워 보이니 좋은 거 맞지요.

우리 사랑 한다는 것은
진실로 한다는 그것입니다.
우리가 사랑할 수 있음이
얼마나 축복인지 몰라요.

꿈으로 가득한 우리 사랑
허락하신 그날까지
언약과 함께 영원히 간직해 봐요.

그대 사랑이 되겠습니다

그대가 외로워
세상을 방황하신다면
나 그대를 위해
포근한
가슴을 빌려 드리겠습니다.

고된 삶에
따뜻한 사랑의 손길이
그리웠다면
나 그대를
사랑으로 꼭 껴안으렵니다.

그대 영혼에
슬픔이 찾아 와
괴롭다 시면
그대 영혼을 위해
사랑의 기도를 드리겠습니다.

그대 향한 마음
언제나 함께하기에

찬란한 태양처럼
그대 삶에
빛과 사랑이 되고 싶습니다.

사랑은 가슴으로 해주세요

사랑한단 말은
그대의 가슴으로 해주세요.

가슴에 묻어나는
헌신적인
사랑이 진실해 보입니다.

애써 말로 하는 사랑
세상을 다 준다 해도
믿음이 가는 것은 없습니다.

그대의 정성이 담긴
커피 한 잔에도
마음 따뜻한 사랑입니다.

진실한 마음이 오가는
사랑의 손길에
세상은 행복하고 아름답습니다.

사랑은 가슴으로 해주세요.

사랑으로 껴안을 그대

우린 서로 이해 못 하고
자신만 서운한 줄 알았습니다.
결국, 토라진 그대가
싸움을 걸어오는데 겁이 납니다.

차가운 시선이 오가는
싸움만은 피하고 싶었습니다.
세상 그 누구와도
싸워서 이길 자신이 없었기에,

그러나 떨러 오는 가슴
그대라고 떨리지 않겠습니까.
싸움에 지고 싶진 않습니다.
사랑으로 그대를 이기고 싶습니다.

행복한 아침

꿈을 수놓던 밤은
행복한 아침을 맞이하고
서로 마음을 보낼 수 있는
첫 입맞춤은
우리의 사랑 그 모든 것입니다.

침상 위에서
고운 드레스 차림으로
아침 기도에 임하는
사랑스러운 그대는
하얀 천사처럼 아름답습니다.

하루를 시작하는
우리의 행복은
사랑의 기도로 이루어지고
믿음 안에서
행복할 수 있음이 축복입니다.

꿈을 꾸고 있나요

눈을 뜨고 감아도
온통 당신이니
내가 꿈을 꾸고 있나요.

당신은 늘 그렇게
나를 바보로
만드는지 모르겠습니다.

바라만 보아도
아름다운 당신
내 가슴 그만 태우세요.

내 마음 가져갈 대로
다 가져간 당신
이젠 줄 것은 없답니다.

끝까지 머문다 해도
처음 사랑했던
그 마음뿐이랍니다.

눈을 감는 그날까지
당신께 할 수 있는 것은
오직 그 사랑 밖에는…

사랑한다고 말해주세요

잔잔한 가슴에
애틋한 시선은 다가오고
마음 가는 데로
그대를 사랑하고 말았습니다.

사랑스러운 그대의
애정 어린 모습에 빠져
마음을 다해
그대를 사랑하고 있습니다.

그대 따라 사랑 따라
사랑은 끝없이 물결 치고
뜨거워진 숨결은
달콤한 사랑에 빠져 있습니다.

그대는 나의 모든 것
나의 마음은 그대의 것.
사랑은 오직 그대뿐,
사랑한다고 말해주세요.

사랑의 항해

뜨거운 태양 아래
사랑이 물결치는 바다
호화로운 유람선에
우리는 몸을 싣고
사랑의 항해를 하고 있습니다.

솔솔 부는 바닷바람과
휘감아 오는
그대의 따뜻한 손길은
설렘으로 다가오고
선상의 밀어는 아름답습니다.

수평선의 꿈은
푸른 파도로 출렁이고
사랑의 항로를 따라
아름다운 추억을
수놓는 사랑의 항해랍니다.

사랑을 노래하는 바다
그대와 함께라면

어떠한 폭풍이 올지라도
그대의 손을 꼭 잡고
사랑의 항해를 하겠습니다.

내 임은 보름달

달아 달아
보름달아
수줍어 고개 숙인
분홍빛
내 임 얼굴
환히 비춰 보아라.

어둠을 헤집고
활짝 핀
임의 자태姿態가
달덩어리처럼
곱고 아름다워
한 폭의 그림 같구나.

달빛에
물들어 가는 임
천하일색天下一色
양귀비더냐
설렌 이 가슴
하얀 밤을 맞는구나.

우리 아름답게 사랑하자

나의 사랑아
서로 눈을 감아도
바라볼 수는 있는
아름다운 사랑을 하자.

어떠한
시련이 찾아 와도
참아 내고
서로 사랑을 위해
기도하며 꼭 옥 안아주자.

반짝이는 두 눈에
이슬이 맺히는
일은 없도록
가슴앓이는
조금만 하고 울지는 말자.

꿈처럼 아름다운
사랑 안에서
맑은 영혼이

숨 쉴 수 있는 사랑이 되자.

우리의 사랑
처음이자 마지막이란
언약을 잊지 말고
진실을 가지고
아름답게 사랑하자.

샤론의 꽃 나의 사랑아

샤론의 꽃 나의 수선화야
푸른 초원에 곱게도 피었구나.
너의 사랑의 향기는
메마른 나의 가슴에도
샘물처럼 촉촉이 흐르고 있단다.

샤론의 꽃 나의 친구야
너의 잔잔한 미소는
사랑을 아름답게 수놓고
꿈결같이 날 맞이하니
어찌 기쁘다 않을 수 있겠느냐.

샤론의 꽃 나의 사랑아
너를 향한 나의 사랑은
숨결이 뜨겁게 느껴지고
애정은 깊어가니 너를
나의 신부로 맞이하고 싶구나.

나에게 눈길을 주지 마세요

쳐다보는 눈길에
기분이 야릇합니다.
나에게 눈길을 주지 마세요.
시선을 뗄 수 없이
그대 모습만 다가오잖아요.

잔잔한 미소를
보내올 때마다
화끈거리는 나의 얼굴
수줍음으로
고개를 들 수가 없답니다.

진한 향기에
마음을 띄우는 윙크로
날 유혹하지 마세요.
나 그대에게
빠지는 걸 왜 모르셨나요.

다가올수록
그대가 좋아지는데

순진한 나의 마음
사랑에 빠지면
어떻게 책임지시겠어요.

사랑의 뜰

햇님이 찾아올 때면
뒤뜰 등나무 그늘에서
사랑하는 내 임은 날 찾는다.

꽃으로 수놓아진 뒤뜰은
부모님 눈길을 피해
손목을 잡던 사랑의 샘터

향긋한 꽃향기가
뒤뜰을 가득 메우고
꽃을 따라
벌 나비가 찾아든다.

텃밭에 채소와 과일은
풍성하게 익어 가고
수박과 오이를 내오던 쉼터

봉숭아꽃이 필 때면
임의 손은 예쁘게 물들고
여름날의 사랑은 뒤뜰에서
아름답게 피워 오른다.

청포도가 익어갈 때

행복을 꿈꾸던 과수원
그대의 사랑스러운 손길 위에
알알이 열렸던 포도는
그대의 고운 마음처럼 탐스럽고,

포도송이가 익어 갈수록
그대의 얼굴은 검게 타오르고
땀방울에 온몸을 적셔도
울리는 종소리에
교회로 향하던 아름다운 그대

예쁜 꽃으로 뒤뜰을 수놓고
행복으로 가득한 마을에
친구들의 우상이자
부모님의 사랑을 받던 그대

청포도가 익어 갈 때에
우리의 사랑도 깊어만 가고,
사랑의 손길이 가득했던
그대는 언제나
아름다운 꿈을 꾸게 합니다.

별밤의 사랑이야기

아름다운 별빛이
무수히 쏟아지던 날 밤
그대의 눈빛은 빛이 나고
사랑의 속삭임은
깊고 푸른 밤에
뜨거운 열기로 피워 오릅니다.

달콤한 사랑의 밀어는
고요한 밤하늘을
꿈결처럼 수놓고
향긋한 숨결은
내 입가로 다가와
설렌 가슴을 흔들어 놓습니다.

사랑의 기쁨은
환희에 세계로 빠져들고
그대의 눈가엔 이슬이
촉촉이 적셔 가는데
아름다운 이 밤은
우리를 놓아 주질 않습니다.

별 하나의 사랑

진실한 그대 마음
밝은 샛별처럼 빛나고
반짝이는 눈빛은
밤하늘 저편에
푸른 은하수처럼 아름다워라.

잔잔한 미소가
은은한 달빛처럼 흐르고
사랑의 손길은
한낮에 찾아오는
태양처럼 뜨거운 사랑이어라.

그대는 샛별처럼 빛나는
사랑의 별
그리울 때면 찾아 와
꿈과 행복을 안겨 주는
나의 영원한 사랑이어라.

저 별은 나의 별

밤하늘에
유난히 반짝이는
저 별은
멀리 있어도
손에 닿을
사랑하는 나의 별

고요한 밤이면
찾아 와
사랑을 속삭이고
눈을 감아도
아름답게
빛나는 사랑의 별

사시사철
사랑의 빛이
밤하늘을
파랗게 수놓고
나의 가슴에도
푸르게
빛나던 사랑의 별.

아름다운 사랑의 빛깔

사랑의 하트에
곱고 아름다운 색을
넣는다면
어떤 빛깔이 좋을까.

사랑을 위해
연분홍을 넣을까.
언제나 핑크빛
사랑으로 가득하게

무지갯빛을
모두 넣으면 어떨까.
일곱 빛깔
무지갯빛이
아름다운 색채로
우리들의
세상을 만들 거야.

빨간색은
정열적이라 좋겠지.

차지도
덥지도 않은 사랑
뜨겁게 채색될 거니까.

더 많은
사랑을 위해
하늘만큼
사랑코픈 하늘색은
어떨는지,

그러나
영원한 사랑엔
녹색이 좋을 듯싶어
사철나무처럼
변치 않을 사랑
진한 녹색을
하트에 물들이고 싶다.

너를 사랑하고 싶다

너를 바라만 봐도
아름답고 행복한 것을
끝까지 따라가서
너에게 나를
빼앗겨 가는지 모르겠다.

네가 좋았을 뿐인데
나의 가슴을 적실 줄
누가 알았겠니.
사랑하는데 이유는 없다.
나를 잃는다 해도
너를 사랑하고 싶다.

내 잔에 사랑이 넘쳐 흘려도

달콤한 그대 사랑
내 잔을 가득 채우고
한없이 넘쳐흘러도
빈 가슴을 채우지 못할
턱없이 부족한 사랑

뜨거운 욕망이
그대를 모두 가져와
내 안에 사랑이
뜨겁게 숨을 쉬어도
그대 향한 사랑 끝없고,

꿈결 같은 사랑이
내 가슴을 가득 채워도
한없이 목마른 사랑
채울수록 갈증은
가슴속 영원히 남는다.

사랑한단 말은 안 해도

사랑한단 말은 없어도
함께하는 것만으로 사랑입니다.

이미 만난 그 시간부터
사랑은 흐르고 있는데
새삼스럽게
사랑한단 말을 해야 하는 걸까요.

하나가 되어 버린 자신들
그대를 보면
나를 보는 것 같고
가슴속 환희
들여다보이는 사랑
애써 말할 이유라도 있을까요.

사랑으로 맞이합니다

사랑의 향기를 날리며
꽃길을 따라오시는
사랑이시어
기쁨으로 맞이합니다.

잔잔한 가슴을
설레게 하시는 그대를
사랑의 입맞춤으로
다정하게 껴안으렵니다.

그대의 사랑의 향기는
푸른 초원을 곱게 수놓고
핑크빛에 물들어
꿈결처럼 아름답습니다.

애정 어린 눈빛으로
무지개 꿈을 안고 오시는
아름다운 그대를
사랑으로 맞이합니다.

꽃잎 차를 타 드리겠어요

따뜻한 봄날
그대와 나
사랑의 꽃이 피는 날
고운 꽃잎으로
사랑의 차를 타 드리겠습니다.

예쁜 찻잔에
꽃잎을 띄우고
차 우린 향이 그윽한
사랑의 차를 마시며
즐거운 시간을
그대와 함께 나누고 싶습니다.

커피와 행복한 하루를

상쾌한 이 아침
향이 가득한 커피는
아름다운 그대의
마음처럼
따뜻하고 향기롭습니다.

은은한 커피 향에
달콤한 사랑이 오가고
삶에 여유로움과
기쁨이 가득해
이 시간 정말 행복합니다.

커피 잔에 입을 맞대며
미소가 넘쳐흐르는
둘만의 오붓한 시간으로
새로운 날을 열어 가니
하루가 너무나 즐겁습니다.

사랑의 고백

난 어떡해야 할까요.
아름다운 그대를
허락도 없이
사랑하고 말았습니다.

그대 향한 나의 맘
멈출 수 없기에
사랑스러운
그대를
가까이하고 말았습니다.

그대는 누구를
좋아하신 적은 없으신지
가슴 한편에
나를 담아 주실 순 없으세요.

난 요즘 그대에게 빠져
마음을 통 잡을 수 없으니
어떡하면 좋답니까.

그대가
좋은 걸 어떡하겠어요.
나를 사랑해
주실 순 없으신가요.

우리 사랑 더 가까이

삶 때문에
눈에 멀어진 사랑
마음마저 멀어지고,
그러나
우리의 사랑
그 무엇도
가로막을 순 없어,

멀어져 가는 마음
사랑으로
끌어당기고
사랑의 밧줄로
꽁꽁 묶어
처음 사랑 회복하리라.

우리 사랑
하늘만큼 땅만큼
처음이자
마지막 사랑
행복을 가꾸고
이 세상 끝나는 그날까지.

2.

그대는
영원한 사랑이었기에

깊어 가는 사랑에

꽃보다 예쁜
절세가인
풀꽃 반지 끼워주며
봄 길을 걷던
임이시여
어찌하여
옷깃을 여미는
애절한 마음을 보내시어
티 없이
고운 햇살에
이슬이 맺히게 하시나요.

갈바람에
갈대는 휘어도
가냘픈
사랑 꺾이지 않고
애련한 사랑만 앓으니
가을날 깊어진 사랑
가시넝쿨에 시달리고
아픔을

벗어날 수 없으니

이 몸 어찌하면 좋답니까.

그대는 영원한 사랑이었기에

어쩌다 그대에게
마음을 모두 내어놓고
영혼까지도
한없이 끌려가는지 모릅니다.

그대의 진한 그리움
이렇게 가슴을 쥐어짜는
아픔인 것을 그대 안에
머물 수밖에 없는 것인지요.

사랑은 영혼까지
죽을 만큼 아파 가는데
꼭 껴안은 걸 보면
고통마저 사랑이었나 봅니다.

이토록 아픈 사랑을 살다가
훗날 삶이 끝을 맺는다 해도
사랑 안에 머물렀던
그대 손을 꼭 잡고 가겠습니다.

죽을 만큼 사랑하며

잠시만이라도
그대를 잊을 순 없는지
보고픈 그리움에
가슴은 적셔 오고
눈망울이 터질 것 같습니다.

그립다 말 못하고
애처로운 모습 감추려고
미소를 띄워보지만
가슴을 적시는 건
어쩔 수 없는가 봅니다.

그대를 사랑하며
늘 내 곁에 두고 있는데
그렇게도 그대가
그리울 수 있는지
이젠 미워지기까지 합니다.

사랑은 꿈으로 가득한데
가슴앓이에 힘만 들고

이럴 땐 어떡해야 좋을는지
말 좀 해줄 순 없을까요.
그대는 정말 괜찮은 것인지.

우리의 사랑은 멀기만 한데

바늘이 가면
실이 가는 것처럼
우리의 사랑은
아름답게
따라오는 줄 알았습니다.

그러나 뒤를 돌아보면
언제나 뻥 뚫린
허전한 마음뿐입니다.

사랑의 수를 놓고
슬그머니
풀려버린 실처럼
아쉬움만 남긴 채
사랑은
늘 상처로 가득합니다.

쉴 새 없이 바늘구멍을
들락거리는 사랑
언제나 아름다운 사랑으로

행복할는지
오늘도 실 자락 같은
마음과 마음을
꽁꽁 동여 매봅니다.

사랑아, 오고 가지를 마라

봄바람에
이 내 마음 살랑대고
사랑에 빠져
가슴을 앓으니
받은 사랑
되로 받고 말로 갚는구나.

사랑아,
오고 가지를 마라.
임을 품고
나를 잃으면
서러운
가슴 여미어
강바람에 옷깃을 적신다.

내 사랑아,
슬피 우는 새야
나를 울리질 마라.
사랑에 매인 몸
가슴 치며
나 넘어가는 줄 왜 모르더냐.

이룰 수 없는 불나비사랑

너는 아느냐.
불나비의 아픈 사랑을
한없이 타는 불이 좋아
너의 곁을 너울대는데
가까이 갈 수도 없고
사랑에 빠질수록
활활 타들어 가는
뜨거운 불 속에 자신을
내 던질 수밖에 없는 것을,
너를 사랑하여
내가 죽는 날이
너를 안는 그날 일게야.

너무나 사랑했었네

그녀의 고요한
두 눈동자엔
내 모습은 보이질 않고
눈물만
가득 고여 있었네.

마주 보는 눈길에
애써 미소를
잃지 않으려던
고운 얼굴은
화장이 짙게 번져 가고,

애틋하게 다가선
그녀의 마음을
달래 갈수록
따뜻한 숨결만
내 입가에 다가오고,

아픈 마음에
서로 꼭 옥 안아 보지만

사랑은 그렇게
가슴을 적셔야 했는지
우리가 너무나
사랑해
버렸는지 모르겠네.

아름답고 슬픈 사랑

사랑은
꿈처럼 아름다운 것
그러나 우린
서로 바라볼 수밖에 없는 사랑

사랑할수록
한없이 울고 싶은 사랑

사랑은
행복을 꿈꾸는 것
그러나 생각하면
생각할수록 서글퍼지는 사랑

아픈 사랑 모두 지우고
마음을 달래도
눈 덩어리처럼 더 커지는 사랑

소중한 우리 사랑
세상이 갈라놓아도
사랑은 아름답게 남아 있는 것

우리 사랑 너무나
아름답고 슬픈 사랑
이대로 영원히
눈을 감아도 행복할 사랑

가슴으로 사랑하다
언젠간 아름다운
세상에서 다시 만날 사랑.

빗속에 해바라기가 되고

언제부터인지
그리움에 뒤엉켜 가는
내 마음은
빗속에 허전한
해바라기가 되고,

아픈 기억들을
이야기하고
눈가에 속울음을
터트려도
그대는 알지 못해요.

아무리
사랑이라고 해도
숨 가쁜
내 마음일 뿐,

시작도
끝도 없는 사랑
바라볼 수밖에 없는

사랑
빛속에
홀로 서가는
해바라기가 되고.

사랑에 빠지지 말자

사랑은 어느 선을 긋고 있는데
받아 드리지 못하고
그 선을 넘을 수밖에 없는 사랑이
가슴을 아프게 하고 있습니다.

현실을 깨닫지 못하고
그대를 따를 수밖에 없는
나의 욕망이
주제 넘치는 허망 된 꿈일는지요.

그대를 사랑할수록 나를
더는 나였다고 주장 못 하고
자신을 내줄 수밖에 없는데도
그게 사랑일까요.

자신은 무참히 짓밟히는데
빠져나오지도 못하고
아픈 사랑에 버틸 수밖에 없는
자신이 원망스럽습니다.

처음 마음을 돌려주세요

한 줌의
소슬한 바람에도
멍을 진
그리움은 가슴 여미고,

고왔던 사랑
황량한
가시밭길처럼
아픈 사랑뿐이어라.

너무나 사랑해서
감당하기 어려운 마음을
모두 내려놓고
가슴을 적시는 사랑아.

사랑의
멍에를 아름답게
미소로 갈무리하고
시린 가슴 토해내고 싶구나.

아픔마저 사랑이었어

운명처럼
꽃을 사랑했기에
꽃 넝쿨을 껴안았고
가시의 아픔도
꼭 참아야 했습니다.

꽃을 안을수록
피를 흘렸지만
그 아픔은 도리어
울타리가 되어
사랑을 지켜 주었습니다.

자신처럼 사랑했던
아름다운 꽃
사랑은 깊어 가고
가시의 아픔도 이젠
나의 숨결처럼 느껴집니다.

장미꽃 사랑

장미야 너는
그렇게 아름다운지
고운 향기에 빠져
너를 사랑하고 말았단다.

그러나 사랑스러운 모습엔
다가갈 수 없는 가시가 있었어.

그것은 나에게 베풀 수 없는
너의 마음이었을까.

너의 마음
이해할 수는 있었지만
이미 사랑해버린 난
슬픔을 간직하고 있단다.

다가갈 수 없는 사랑
끝내는 너를 껴안고
내 몸을 피로 물들이고서야
너를 알게 되었어.

아름답게
바라볼 수밖에 없는 장미
지금도 나의 가슴엔
너의 사랑으로 가득하단다.

사랑의 탑

백사장 위에
쌓아 보는 사랑의 탑
밀려드는
파도에 물거품이 되고

쌓고 또 쌓아보는 사랑
거센 물결에 꿈은 무너지고

바닷가에 수많은 모래알
부서져 간 사랑의 조각들

짓궂은 파도에
밀려왔다
쓸려 가는 사랑의 꿈
포기할 수 없는 우리의 사랑

끝없이 왔다
가버리는 파도처럼
우리의 사랑도
쌓고 또 쌓아보리라.

사랑은 집착에 빠지고

아름다운 시간은
행복을 수놓고 있지만
하루에 시간이 공간도 없이
그대 생각으로
꼭꼭 채워 담을 수 있었을까.

여러 사람이 공존하고
생각하는 마음 또한
나눌 수도 있었는데
주어진 시간이 꼭 그대였는지

아름다운 꽃과 사물을
바라보며 시간적 여유를 두고
그대를 생각했었다면
마음이 아름다웠을 것을
집착한 마음은 아프기만 하다.

시간이 흐를수록
그리움으로
채워질 수밖에 없는 사랑.

마음의 여유를 두고
사랑의 꿈을 꾼다면
사랑은 영원하리라 믿는다.

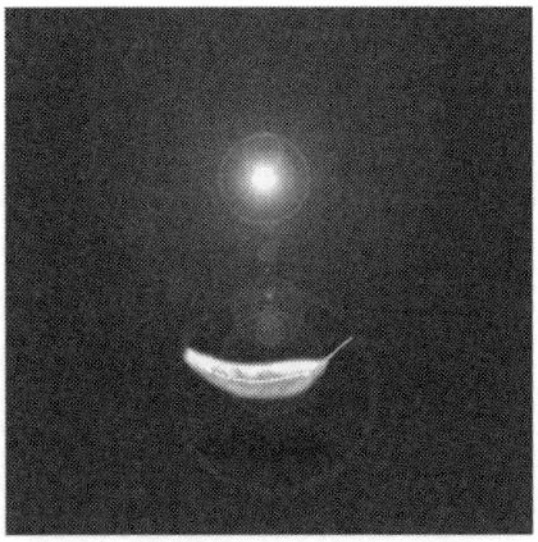

사랑은 애절한데

사랑은 시들어 가는데
아직도 그 사람이
나를 좋아하고 있는지
날 잡고 놓아 주질 않는다.

사랑한다고 해도
아무런 반응이 없다가도
잊어버릴 때쯤 찾아와
가슴을 흔들어 놓고 간다.

사랑의 감정처럼
애틋한 것도 없는데
미소만 짓는 그대가
귀엽다 못해 얄미워진다.

꿈처럼 행복한 사랑
시간이 흐를수록
가슴 여미어 오는데
느끼고 있는지 모르겠다.

사랑한다는 것
자신마저 내줘야 할
아픔인데 철없이 밝은
그대가 부럽기만 하다.

봄바람아

봄날의 사랑은 설렘으로
예쁜 꽃망울을
맺는 줄 알았는데
가슴엔 그리움이 가득하구나.

사랑은 봄바람에 흐느끼는
꽃잎처럼
그대도 울고 나도 울고
사랑은 열병이 단단히 났구나.

사랑은 가슴앓이로
몸살을 앓고 되새김질만 하는
사랑뿐이었더냐.

불어라~ 봄바람아
고운 나의 사랑아
꿈결처럼 아름답게만 불어다오.

사랑은 단풍처럼 물들어 가는데

가을날 사랑은
고운 단풍처럼
곱게 물들어 가는데
설렘보다도
애상哀想에 젖어
나의 마음은
소슬바람에 날리어
가슴이 아려 온다.

사랑할수록
잡은 손은 뜨겁고
임의 모습은
예쁜 장미처럼
아름다워져 가는데
가을의 향기는
애련哀戀한
사랑에 빠져
가슴을 태워간다.

3.

그대를 보낼 수 없는 이유

사랑의 힘으로

그립다 말 못하고
빛바랜 사진 한 장을
가슴에 품고
눈가엔 이슬만 맺히고 있다.

멀어져 가는 모습이
사랑도 묘약이 될 수 없는
현실인 것을 바라보는
나의 심정은 아쉽기만 하다.

보낼 수 없었던 사람을
보냈기에
마음을 지우지도 못하고
혼자라는 생각도 할 순 없다.

사랑의 여운이
나의 가슴에 존재하기에
떠났다는 생각보다는
돌아오리라는
착각으로 아직도
그대를 마음에 두고 있다.

그대를 보낼 수 없는 이유

그대를 보내기에는
때가 너무 늦어 버렸습니다.
우리가 지나온 길이
너무 멀리 와 있기 때문입니다.

진작 손을 놓아야 했을 땐
아무것도 모르고 있었습니다.
지금 돌아갈 수 없는 건
하나인 영혼을 갈라놓기엔
생각할 수 없기 때문입니다.

다만, 삶이 우리를
잠시 갈라놓을 순 있어도
우리의 영혼까지
갈라놓을 수 없는 일입니다.

여운을 남긴 사랑

그리움인 줄 알면서도
가슴이 시리도록
긴 세월 아픈
마음만 간직하며 있었을까.

서로 사랑하며
곁에 있음이 행복인 것을
너무나 집착한 우리가
마음을 아프게 했는지 몰라.

우리의 사랑이
영원할 수는 없었어도
멀어진 사랑을
지금이라도 다시 찾고 싶다.

가슴에 간직한 사랑
이젠 알 것만 같은데
너를 사랑하고
나의 존재를 알았으니까.

떠나는 사랑보다도 나 자신이 더 밉다

사랑할수록
그립고 가까이 갈수록
멀어진 사랑
이제 끝까지 온 느낌이다.

죽을 만큼 사랑하고
보내야 하는 마음은
생각할수록 서글프다.

멀어져 가는 사람은
그렇다 하더라도
정작 미운
사람은 나의 자신인 것 같다.

현실을 깨닫지 못하고
무너져 가는 자신이
나를 너무 괴롭히기 때문이다.

상처로 얼룩진 내 마음
영원히 지울 수 없을 것 같아
가슴에 묻어난 아픔은 크다.

사랑하는데 이별을 하고

나를 영원히
사랑하신다더니
헤어지자며
그대가 혼자 떠나갑니다.

처음이자
마지막이라고
하시더니
벌써 잊었나 봅니다.

난 아직도
그대를 사랑하고
언약을 지키며
헤어지지도 않았는데,

헤어지려거든
똑같이 이별을 하고
사랑을 하셨으면 마음을
돌려주셨으면 좋겠습니다.

가을의 유서

가슴에 싸인 피멍이
온 산을 붉게 물 들여 놓고
떨어지는 낙엽 속에
가을의 유서를 남기고 떠나갑니다.

서릿발에 몸을 젖혀
눈꽃이 되어도 슬퍼하는 모습에
그대가 잠들 때 조용히 떠나갑니다.

떨어지는 낙엽과 함께
이 가을에 떠날 수밖에 없는 운명
그대 가슴에 피멍을 들일 수 없어
맑은 영혼을 위해 떠나갑니다.

이해하고 사랑하자

정말 우리가 인연이었을까.
남같이 등을 돌리며
살아갈 이유라도 있었을까.

사이좋게 살다 보면
둘도 없는 행복인 것을
서로 마음을 꼭 닫게 되었는지.

미워진 모습이 전 줏대 같고
장승처럼 느껴졌어
왜 서로 사랑이 떠나야 했을까.

전 줏대도 사랑 하다 보면
날 껴안아주고
싹이 나고 뿌리도 내릴 것 같은데,

우두커니 서 있는 장승일지라도
한 쌍이 늘 다정하게
사랑하고 있는 것 같은데,

목석같은 우리의 사랑
자신에 문제가 있는 게 아닐까.
우리 서로 이해하고 사랑해 보자.

사랑은 떠나가고

사랑을 했어도
마음만은 남겨 놓을 것을
잃어버린
마음에 가슴만 아프다.

사랑하는 임은
멀어져 가고
홀로서기가
눈가에 눈물이 쏟아진다.

진정으로
사랑했었다면
왜 헤어져야 하는데,

임은 떠나가고
내 마음은 아직도
그 임을
따를 수밖에 없는 심정
정말 바보스럽다.

사랑한다면
보내 주어야 한다고
누가 그랬던가.
난 그럴 자신도 없다.
임은 떠났어도
난 아직
그 임을 붙잡고 있다.

그대에게 꼭 하고 싶은 말

그대가 홀연히 떠나가도
서로 헤어진 게 아니랍니다.
하나인 영혼 꿈속이라도
숨지 못하기 때문입니다.

그대가 영영 떠난다 해도
사랑을 지울 순 없습니다.
내 영혼을 모두 가져간
그대를 지키기 위해서입니다.

그대가 아주 떠나고
없어도 난 울지 않습니다.
이미 숨이 멈춰 버린 난
아프다 할 수 없기 때문입니다.

이별 없는 세상

사랑의 손
놓기가 죽기보다
싫었던 나
잡은 손 위에
뜨거운 눈물은 떨어지고,

한없이
깊고 깊었던 사랑
헤어질 수밖에
없었는지
뼛속까지 아픔이 느껴온다.

이별 앞에선
사랑의 언약도
수천 번
사랑한단 말도
지난 추억과도 같은 것,

세상은 매정하게
사랑을 갈라놓았어도

지우지 못할 사랑
이별 없는
세상에서 그대와
영원히 함께 머물고 싶다.

그대가 떠난 후에

운명이라 생각했던 사람
어느 날 갑자기 떠나가고
감당치 못한 아픔에
숨이 멈춰 가는지
마지막 삶의 끝자락에 서서
주님의 손을 붙잡게 되었고,

그대를 잃는다는 것
세상을 모두 잃는 슬픔이기에
기도드릴 수밖에 없었는데
그러나 지울 수 없는 사람
기도는 한마디도 못하고
한없이 눈물만 흘러내리고,

그렇게 한참을 울고 나서
눈을 떴을 땐 열병처럼 앓았던
아픔은 모두 떠나가고
야위어진 모습 속에
성숙해진 자신의 존재를
새롭게 찾아볼 수 있었습니다.

빗속에 눈물을 씻으며

자신이 서러울 땐
아픈 영혼을
빗속에 내놓고
깨끗이 씻어 보세요.

비가 올 땐
가슴으로 울지 마세요.
빗속에
눈물을 숨기시고
쌓인 눈물
빗물로 씻어 주세요.

빗속에 처량한
모습이 드러난다 해도
비가 갠 후
그대 영혼은
햇살처럼 빛날 거예요.

사랑한다고 말해줘 어서

난 너에게
아픈 마음을 안겨 주고
싶진 않았어.
사랑을 지키려는
마음뿐이었는데
너에게 서운하게 되었구나.

난 너에게
적일 수도 없고
널 이길 자신도 없어
내 마음엔
오직 너밖에 없었으니까.

서운한 마음일랑
풀어다오 지난 추억을
생각해서라도
우린 그럴 수는 없는 거란다.

네가 날 미워할수록
난 너를

더욱 예뻐하고 사랑할 거야
고집 피운다 해도
소용없어
넌 나에게 돌아오고 말 테니까.

너의 마음은 언제나
아름다웠어
거짓 없는 순수함이
너의 참모습이었거든

난 너를 믿고 있단다.
우리 이젠 사이좋게
지내보지 않겠니.
난 너에게 손을 내밀고 있어
이젠 사랑한다고 말해줘 어서.

- 사랑의 편지 중에 -

세상에서 나를 가장 사랑한 나

조금만 상처받아도
서러워 말도 않고
그냥 울어 버리는 바보,
자신을 원망하며
늘 방황하는데
나, 라고 사랑할 수 있을까.

세상 홀로 서가는 자신
의지할 곳 없어
남몰래 숨어 펑펑 울고
친구들 다 떠나가고
혼자 외로워하는데
누가 사랑해줄 수 있겠어.

사랑받을 수 없는 나
죽을 만큼 외로운 자신
나 아니면 누가 사랑하겠어.
이제부터 자신을 사랑하며
친구들도 사랑한다면
주님도 날 예뻐하실 거야.

4.

그리움은 사랑입니다

사랑은 눈꽃으로 피우리라

가을날 사랑은
낙엽 속에 묻히고
아름다운 추억은
하얀 겨울날
그리움으로 남았네.

그리운 마음
샘솟는
사랑과도 같은 것
백설이 오는 날
하얀 눈꽃으로
아름답게 피우리라.

눈꽃 사랑

하얀 눈이 쌓이던 날
임 떠난 들판엔
보고픈 임을 따라
발자국이
하나둘씩 새겨져 갑니다.

외로운 모습
휘날리는
백설에 파묻히며
사랑하는
임 곁을 향하고 있습니다.

앙상한 가지처럼
외롭던 마음
포근히 싸여 가는
눈꽃으로 활짝 피어나고,

설원을 수놓던
그리움의 발자국은
하얀 눈에 지워지고

그리운 마음은

사랑으로 피어오릅니다.

그리움은 사랑입니다

파도처럼 밀려왔다
밀려가는 끝없는 그리움
시간이 흐를수록
미소는 눈물로 얼룩지고,

그리움은 아픔으로
가슴 깊이 물들어 가는데
그리움 속에는 사랑의
숨결이 흐르고 있습니다.

사랑하는 만큼이나
가슴으로 다가오는
그리움은 아픈
사랑을 지키고 있습니다.

깊어 가는 그리움은
영혼을 하나로 만들고
사랑이 영원토록
머물게 하는지 모릅니다.

사랑이 머물다간 자리

사랑이 머물다간 자리엔
그리움만 가득히 스며들고
외로움에 취해 가슴을 앓아갑니다.

그리워도 그립다 말 못하고
마음만 끝없이 다가가기에
그리운 만큼 밤은 길게 느껴집니다.

사랑이 지나간 그 자리엔
아픈 추억을 간직한 채
빛바랜 그대 사진만 바라보며
보낼 수 없는 마음을 보내봅니다.

깊고 푸른 밤

누군가 그리워
잠을 이루지 못할 때엔
깊고 푸른 밤을 찾아오세요.

고요한 밤에
외로움을 느끼신다면
푸른 밤하늘을 바라보세요.

반짝이는 별들은
그대의 마음에
정다운 벗이 될 것입니다.

흐르는 달빛은
그리움에 젖어 있는
그대의 얼굴에
은빛 미소를 짓게 한답니다.

깊고 푸른 밤
쏟아지는
별빛 아래로 오세요.

반짝이는 별빛은

그대를

반갑게 맞이할 것입니다.

사랑의 등불

빛바랜 사랑으로
희미해진 임의 모습은
꺼져 가는 등불처럼
어둠 속에서 허우적대며
그 빛은 잃어 가는데
그리움의 불씨는
뜨겁게 타는 태양처럼
활활 타오르고
빛을 잃은 등불은
사랑의 향기를 따라
다시 피워 오르니
그 불빛은 영원하여라.

보고픈 사랑아

오늘도
달빛에 물든 밤
가슴속
그리움은 촉촉이 흐르고
눈가에 맺힌 이슬
보고픈 임을 향해
천 리 길을 적십니다.

그리운 임
기다림에 지쳐도
보고픈 마음
지워 지질 않고
그리움은
잠시도
사랑하는 임의
곁을 떠나지 않습니다.

밤은 깊어 가는데
소식 없는 임
어느 하늘 아래

머물고 계시는지
달빛에 그리운
사연을 띄우며
사랑하는 임
끝까지 기다려보렵니다.

서산마루에 걸린 그리움

산골짝 오막살이
저녁노을 그려지고
굴뚝에
피어오른 연기
내 임 오라 손짓하네.

날은 저물어
밤이슬은 내리는데
오시지 않는 임
희미한 호롱불에
풀벌레 소리만
외로운 가슴을 뜯는다.

군불은 식어
아랫목은 차가워지고
마음의 등불
하얗게 타들어 가니
홀로 보낸 밤
가슴을 적셔 어이 할까.

그리운 임을 기다리며

달과 별들은 찾아 와
나를 반겨 주건만
마음은 하늘을 떠돌고
임의 눈길을
마주할 수 없구나.

그리움에 술잔을 벗 삼아
외로움을 달래 보아도
목에 걸린 술 가시질 않고
임의 모습만 아른거린다.

고운 임의 모습은
갈수록 가슴만 태우고
임의 곁을
벗어나질 못하니
훗날 사랑의 노예로다.

가슴속 깊고 깊은 사랑
심연의 그리움에
지친 몸이 쇠하니
꽃은 시들고 새는 슬피 운다.

보고 싶어 꿈을 꾸었습니다

보고 싶어 몇 날을
그대를 만났건만
눈을 뜨고 나면
애틋한 꿈속이었습니다.

꿈은 행복했고
사랑스러운 그대를
꼭 껴안고
사랑에 빠졌을 땐
황홀한 꿈결에 놀라
단꿈은 여러 번 깨지고,

끝없는 그리움은
사랑의 꿈자리를
다시 찾아 꿈을 수놓아
나를 설레게 했습니다.

달콤한 꿈을 따라
내 맘에 찾아오시는
그대의 모습은

밝은 햇살에도
꿈처럼 아른거립니다.

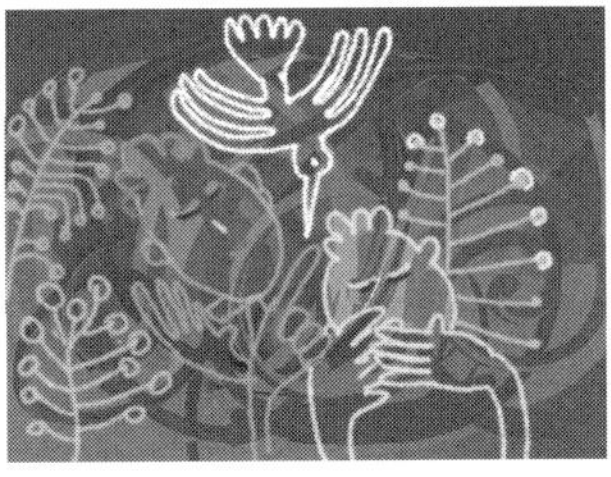

홀로 떠있는 마음

바다 한가운데
홀로 떠있는
쪽배는 누구일까.

머물 곳 없는 세상
홀로 떠가는
내 마음이었을까.

닻도 내릴 수 없는
깊고 깊은 바다에
떠도는 그리움일까.

외롭게 떠가는
쪽배에 조각달만
벗이 되어 따라가네.

아침 이슬

간밤에
어느 임이 울고 갔나.

풀잎 위에
떨긴 눈물방울
임 그리워
흘린 눈물인가.

나의 마음
슬픔에 젖었는데
풀잎 위에
그 마음 이야기했네.

겨울바다에서

바다야
너는 아느냐
너를 찾는 이유를

예나 지금이나
마음 아플 땐
널 찾았지만
오늘도 보고픈
사람 때문에
의지할 곳 없는
나의 마음을
너에게 띄운단다.

외로움에
싸여가는 마음
파도에 씻어
먼 바다로 보내고
새 마음으로
돌아가고 싶구나.

가을의 향기

국화꽃 내음이
갈바람 타고
향긋하게 풍겨 준
가을의 향취는
촉촉한 그대의
입술처럼
향기롭고 아름답습니다.

여름날 사랑이
머물다간 그 자리엔
예쁜 들국화가
곱게 수놓고
풀벌레는
가을의 낭만과
그리움을
곱게 노래하고 있습니다.

그 가을의 추억

빛바랜 시 한 권을 읽어본다.
한장 한장 넘길 때마다
아름다운 글귀들이
나의 마음을 감동시키고 있다.

그런데 책갈피에
은행잎 하나가 보인다.
몇 해 전 산책길에서
주워 넣고 오랜만에 본다.

은행잎은 그 가을에
감미로운 음악과
친구와의 다정했던
추억이 아름답게 담겨 있다.

산책길 벤치에서
사랑하는 친구를 기다릴 때
은행잎은 바람과 함께
많이도 떨어지고 있었다.

그 벤치를 보면
지금도 친구가 벤치에
앉아 있는 것 같아
마음은 설레고 그리워진다.

책 속에 추억이 담긴
메마른 은행잎은
그 추억을 돌려주며
만지는 손끝에 부스러진다.

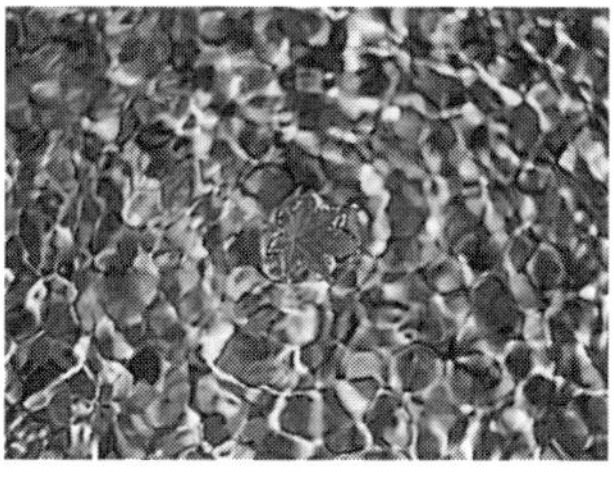

5.

사랑은 미워하지 않는 것

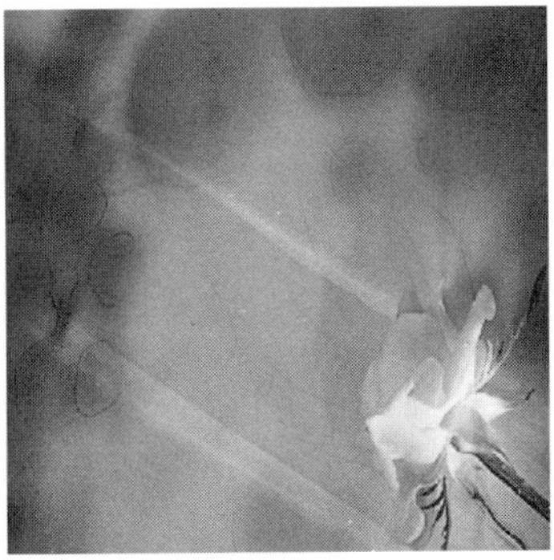

당신은 영원한 사랑이어라

세상에서 가장
소중한 당신
나의 영원하신 손님이어라.

깊고 깊은 사랑
꿈결같이 아름답고
당신의 마음은 사랑이어라.

가까이 없어도 믿음 안에서
당신이 존재하고
혼자 있어도 외로울 게 없어라.

당신의 사랑 하나가
삶의 기쁨을 주고 빛이 되니
바라본 것만으로 행복하여라.

아름다운 당신을 만나
축복이었고
눈을 감는 그날까지
당신에게 감사드리고 싶어라.

당신이 정말 좋아요

당신을 사랑하려고
평생을 기다려 왔는지도
모르는데 사랑하면서
끊임없는 눈물이 나와요.

턱없이 부족한
여린 마음을 받아주시고
사랑하시어 당신의
소중함을 깨닫습니다.

당신을 사랑할수록
샘솟는 기쁨이
날 새롭게 하시는지
난 당신이 정말 좋아요.

사랑의 빛이신 당신
다시 태어나도
운명처럼 사랑한
당신의 품 안에 안길래요.

천국 가는 길목까지

천국이 따로 있으랴
지금 이 시간 살아 숨 쉬는
나의 삶이 축복이고 천국인데
세상 살아가는 동안
천국 가는 길목까지
감사하는 마음을
어찌 잊을 수 있으랴.

주님 허락하신다면
천국 문을 들어가는 것도
기도 중에 간절한 소망인데
지금 살아가는 동안
천국과도 같은 행복을
미리 살다 가니
내 어이 기쁘지 않으리오.

사랑의 비를 맞고 싶습니다

메말라 가는
사막과도 같은 영혼을
사랑의 단비로
촉촉이 적시고 싶습니다.

내리는 비가
소나기라도 좋습니다.
내 영혼이 갈급하기에
당신의 손길이 그립습니다.

영혼을 적시는 단비는
생명수와 같으니
구원함을 얻어
새롭게 거듭나고 싶습니다.

당신의 사랑을 선택했습니다

당신의 마음은 사랑입니다.
사랑은 빛이 되고
세상은 아름다웠습니다.

당신의 고귀했던 사랑
내 안에 살아 숨을 쉬고
내 영혼의 친구가 되었습니다.

섬길 수 있었던 사랑
생명보다 귀해
난 영원토록 당신을 사랑했습니다.

세상에서 하나뿐이었던
가장 소중한 사랑,
난 당신의 사랑을 선택했습니다.

행복한 하루를 시작하며

당신이 함께하시는
이 시간 빵 한 조각과
커피 한 잔으로
감사할 수 있음이
이 아침 너무나 행복합니다.

하루를 시작하며
내 마음 기쁨이 가득하고
행복한 세상을 맞으니
이 아침에도
내 삶은 참으로 아름답습니다.

뜨거운 사랑의 손길이
내 영혼에 임하고
은총으로 가득한
이 아침을 주셨으니
내 마음 당신께 모두 드립니다.

당신은 나의 운명

당신을 볼 때면
왜 눈물이 나올까요.
이 세상 살아가는 동안
당신을 알고
어린아이 때보다
더 많이
울고 있으니 어쩐 답니까.

삶이 힘들 때
당신께 죽도록 매달려
눈물을 펑펑 쏟기도 했지만
지금 이렇게 기쁜데
당신 앞에서 소리 없이
눈물을 흘려야 하는지
이유를 알 수가 없습니다.

난 정말 울기도
잘하는 못난이 울보랍니다.
당신의 인자하신 사랑이
나에겐 은총이었을까요.

당신이 있어 내가 존재하고
당신 곁을 떠나선
한 시도 못 살 것 같은데
원하신다면
당신의 나라에서
영원히 함께 살고 싶습니다.

가진 것 없어도 행복한 세상

땅 한 평이 없다고
서운 해야 할 이유는 없습니다.
내가 가는 길이 내 땅이고
나의 세상이라 생각하면 되니까요.

내 집이 오막살이면
어떻고 초라하면 어떻습니까.
행복하다면 궁전보다 편하고
세상이 내 뜰처럼 보이는데요.

돈 없어 기죽을 필요는 없습니다.
한 달란트에 행복한 세상
조금 아껴 쓰고 노력하며
열심히 사는데 부러울 게 있을까요.

가진 것은 없어도 행복한 세상
하루의 삶을 감사하며
기쁘게 살다 보면
천국이 따로 없고 인생은 즐겁습니다.

행복이란

저 산을 넘으면
있을 것 같은 행복
넘고 넘어도
행복은 찾아오진 않습니다.

오지 않는 행복
반복되는 삶을 살며
산을 넘는 것은
자신을 속이는 것입니다.

행복은 어느 곳에서도
가져올 수 없는 것
행복이란
자신 속에 존재하기에

행복이란 지금
삶 이대로
감사할 수 있다면
지금 나의 곁에
행복은 와 있는 것입니다.

즐거운 인생을 살아봅시다

세상 돌고 도는 인생
마음의 걱정일랑
모두 내려놓고
떠가는 구름처럼
편안한 인생을 살아봅시다.

길고도 짧은 인생
내 맘에 모든 행복이 있고
기쁨이 있는 것
꿈을 펼쳐 가며
행복한 인생을 살아봅시다.

소중한 나의 인생
내가 하기 나름
하루를 살아도 감사하며
삶을 아름답게 가꾸며
즐거운 인생을 살아봅시다.

친구의 사랑을 원하거든

아름다운 친구의
사랑을 원하거든
진실한 마음을 선물하라.

장미 한 송이에
순수한 마음을 담아
사랑을 고백해 보아라.

친구의 사랑을
지금 기대할 순 없어도
아름답게 다가가면
훗날 그대를 기억하리라.

아름다운 마음은
친구의 마음을 사기엔
세상 그 무엇보다 값진 것

사랑도 때가 되면
사랑이 맺어질 것이니
친구를 위해 기도하며
사랑할 때를 기다려라.

포도주처럼 숙성된 사랑

오래 숙성된 포도주가
제 맛이 나듯
사랑도 그런 것 같다.

처음 포도즙엔
달고 신맛에
분간할 순 없어도
익어 갈수록
은은한 향과 제 맛이 난다.

세월이 흐를수록
맑고 좋은 포도주가 되듯
사랑도 미운 정
고운 정 싸여 성숙해진다.

처음 느낄 수 없던 사랑
세월이 흐를수록
진정한
사랑의 의미를 맛볼 수 있다.

사랑은 아름다워야 합니다

사랑의 언약은
영원토록 간직하며
자신이 선택한 사랑은
운명처럼 사랑합니다.

한번 맺은 인연
끝까지 책임을 다하며
사랑은 목숨보다
소중히 여겨야 합니다.

사랑한단 말보다
진실과 믿음이 앞서며
사랑하는 마음은
언제나 따뜻해야 합니다.

내가 선택한 사랑
힘든 사랑이 올지라도
울거나 후회하지 않으며
사랑을 따라야 합니다.

사랑은 밤낮으로
사랑하는 이를 위하여
그리워하며
사랑의 기도를 드립니다.

사랑은 미워하지 않는 것

날 미워하는 친구가 있다면
서로 미워하는 마음보다
친구를 위해 사랑의 기도를 해보자.

자신도 그 누구에게 용서받고
사랑받을 때가 있는 것처럼
친구를 사랑으로 맞이해보자.

자신처럼 사랑한 친구
친형제 못지않게 의가 깊고
열 친구 부럽지 않다.

사랑은 좋아하는 이보다
미워하는 자를 더 사랑하는 것,
그 사랑은 자신에게
결국 아름답게 돌아온다.

6.

안개비는 내리고

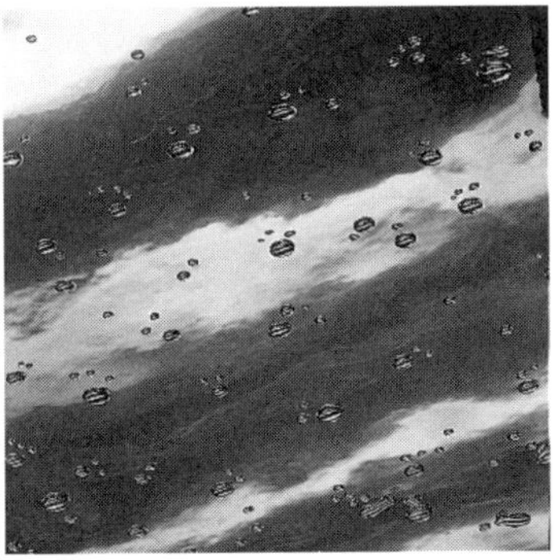

설날 아침에

정월을 맞는
둥근 해는
소망으로 가득하고,

때때옷에
꼬까 신 신고
눈길 나들이는
뽀드득 대고
설날 아침은
세상 모두 즐겁다.

공주님들
색동저고리에
예쁜 댕기 머리
흔들대고
깔깔거리는
모습은
참으로 귀엽다.

세배 가는
마을 길목에
까치 노랫소리
정겹게 들리고
오고 가는
가족들 모습은
밝기만 하다.

새 봄

코끝이 상큼한
새벽녘
풀잎 위에
영롱한
아침 이슬은 맺히고,

꼬끼오
닭 우는소리에
내 임의
기도는 시작되고
식탁 위에는
새큼한
봄나물로
향은 가득하다.

아름다운
산골마을
산새들은 노래하고
파란 새싹은
산과 들을

곱게 수놓는다.

나물 캐는
우리임의
바구니엔 달래와
냉이로 가득하고
봄을 맞는
임의 얼굴은
따뜻한 햇볕에
검게 타들어 간다.

새봄은 찾아오고

하얀 겨울날
눈꽃에 핀 사랑
추억으로 갈무리한 채
깊은 심연의
단잠에서 날 깨운다.

푸른 잎 사이로
상큼하게 불어오는
봄바람은
잔잔한
나의 가슴을 흔들고,

화창한 봄 햇살은
연분홍 꽃으로
아름답게 수놓고
설렌 가슴은
봄의 고운
향기에 물들어간다.

호박꽃

영롱한
아침 이슬을 머금고
새색시처럼
활짝 피어난 꽃

노란 저고리에
수줍음을 감추고
순박한 마음은
진실만을 품고,

곱게 피운 꽃
현모양처처럼
복스러운 자태가
양귀비 못지않다.

산은 어머니 품 같아라

숲을 따라
다정히 걸어 보는
산책길
아름다운 들꽃들이
잔잔한 미소로
날 반겨준다.

하늘을 바라보며
푸른 초목을
자랑하는 나무들
숲이 깊어
갈수록
산속의 향은 진하다.

여름날 가냘프게
불어오는
산들바람에
녹색 나뭇잎은
휘날리고
무겁던 마음

모두 날려 보낸다.

마음을
다스릴 수 있는
산은
어머니 품과 같아
힘든 내 마음을
포근히 감싸준다.

가을은 사랑을 남기고

불게 물든 단풍은
사랑을 이야기하듯
꿈을 수놓으며
행복한 가을을 맞이했다.

가을은 예쁜 단풍처럼
사랑을 노래하고
가슴에 곱게 물들어
아름다운 사랑을 맺어간다.

깊어가는 이 가을은
어느 해보다
축복으로 가득해서
정말 감사를 드리고 싶다.

아름다운 가을
사랑을 모두 담아 놓은
우리의 계절이었기에
이 가을 보내고 싶진 않다.

별빛에 사랑을 싣고

밤하늘의
반짝이는 별빛 속에
사랑을 싣고
꿈의 여행을 떠나갑니다.

고요한 밤하늘에
수많은 은하수
무지갯빛 다리를 놓아
사랑의 꿈길을 만들어 가고,

은빛으로 물결치는
아름다운 별빛은
보석처럼 쏟아져
밤하늘을 곱게 수놓습니다.

빛나는 별들에 세상
꿈결같이 메아리쳐 오고
사랑의 속삭임은
꿈의 세계로 빠져듭니다.

알밤을 줍던 날

가을이면
알밤이 탐스러워
볼 때마다 밤송이에
마음이 가고
손에 쥐어지기를
기다렸는데
알몸을 들어낸 순간
난 미소를 짓게 되었어.

어느 날
갈바람에
알밤은 떨어지고
누가 볼세라
정신없이
주머니를
가득 채워 담았지.

욕심도 많지
양손에도 가득 쥐고
집으로 향하는데

무거워진 알밤이
바지를
엉덩이까지
흘려 내리게 해
걸음도
걷지 못하고 있었어.

사랑은 기차를 타고

사랑의 기차에 몸을 싣고
로마에서 제네바까지
밤을 새워가며
유럽 여행을 하고 있습니다.

달리는 침대 열차에
사랑하는 임과
향긋한 포도주로
아름다운 밤을 맞고 있답니다.

사랑을 속삭이는
그녀의 대화는 끝이 없고
행복했던 밤은
소리 없이 밝아지고 말았습니다.

아침을 맞은 유럽의 설경은
동화 속에 그림처럼
온통 세상은 눈의 세계랍니다.

키가 큰 전나무는

크리스마스 추리처럼
아름답고
푸른 호수와 교회도 있습니다.

스쳐가는 풍경을 바라보며
우리는 사진을 찍어 대며
서로 미소를 짓고 있답니다.

우린 제네바 여행을 마친 후
몽블랑으로 갈 거랍니다.
그리고 다시 때재배를 타고
파리로 가게 되어 있습니다.

국경을 넘을 때마다
언어가 달라 애를 먹고 있어요.
그렇지만, 유럽 여행은
내 집처럼
출입하기 편해 아주 좋습니다.

새로운 스테이션마다

사랑스러운 양코 아가씨들에
눈인사가 우리를
반겨주고 있어 행복하기만 합니다.

- 유럽 여행 중에 -

센강에 사랑은 흐르고

사랑을 실은 유람선에
감미로운 샹송은 흐르고
선상에서 바라본
파리의 아름다움은
예술의 도시처럼 화려하다.

강을 따라 펼쳐지는
건축물의 아름다운 조화는
감탄사가 절로 나
임의 손을 끌며
그 아름다움을 가리켜 본다.

센강의
밤은 깊어 갈수록
에펠탑에 불빛은 현란하고
횃불을 비추는
여신상의 모습은
사랑하는 임의
모습만큼이나 곱고 아름답다.

사랑의 피아니스트

사랑의 선율은
오월의 푸른 밤하늘을
아름답게 수놓고
그대의 손은 건반 위에
요정처럼 춤을 추었습니다.

은은한 로망스가
가슴에 울려 퍼질 때에는
사랑에 빠져가고
강한 소나타는
내 마음을 흔들어 놓았습니다.

별빛이 쏟아지는
밤하늘의 세레나데는
사랑의 꿈을 싣고
먼 밤하늘로
꿈결처럼 메아리쳐 갔습니다.

오월의
그윽한 꽃향기 속에

그대의 감미로운 선율이
울려 퍼지는 동안
난 그대에게
사랑의 갈채를 보내고 있습니다.

사랑스러운 여인

그 집 매장을 지나갈 때마다
사랑스러운 여인이
밝은 모습으로 날 반겨준답니다.

세상에 이렇게
귀여운 여인이 있었는지
정말 아름답고 사랑스럽습니다.
처음엔 쑥스러워
눈인사 정도를 했는데
이젠 무척 가까워졌습니다.

난 매일 그녀와 마음을
나누고 있는데
만날 때마다 가슴이 설레고
오늘도 미소를 보내와
외로운 나의 맘을
달래 주고 있어 정말 좋습니다.

서로 마음을 나누던
이 여인은 매장에 모델인

마네킹 여인이었는데
홀로 있어도 외롭지 않은가
늘 미소를 잃지 않고 있습니다.

잔잔한 미소를 보내올 때마다
예전에 친구가 생각나
발길이 떨어지지 않는답니다.
그 친구를 위해 밤마다
기도를 드리고 있어
더욱 마음이 가고 있습니다.

사랑은 추억과도 같은 것

사랑의 계절은
지난 추억과도 같은 것
꿈결같이 곱던 봄날
살짝 왔다 가버린 꽃처럼
우리 인생은 아쉽기만 합니다.

사랑을 속삭이며
다정하게 다가오던
사랑스러운 임의 모습도
지금은 옛 추억처럼
아득한 그리움으로 남습니다.

사랑을 노래하며
예쁜 꽃을 꽂아 주었던
임의 고운 머릿결도
어느덧 은빛으로 물들어
흘러버린 세월이 서러워집니다.

먼 인생 돌고 돌아
사랑의 꽃을

다시 피워보지만
황혼을 바라보는
사랑은 애처롭기만 합니다.

마음은 그때 그 시절 같은데

오늘 난 소년 시절에
우상이었던 팝 가수
Cliff Richard(클리프 리처드)
영상 음악을 하나 사왔다.

그런데 젊고 푸르던
그 가수의 모습이
중년을 훨씬
넘긴 것 같아 마음이 아프다.

소년 시절 즐겁게
The young ones(젊은이들)를
따라 부르곤 했는데
나도 이젠
그 어린 소년이 아닌 것 같다.

마음은 그때
그 시절인 것 같고
언제나 푸르고
젊음이 영원할 것 같았는데,

흘러 가버린 세월이
아쉬워 거울 앞에서
울고 또 울고
가슴을 한없이 적셔준다.

아름다운 세월
정말 보내고 싶지 않아
안간힘을 써 보지만
가는 세월은 어쩔 수 없다.

안개비는 내리고

이른 아침 안개비는
숲을 가리고
창가에 마주앉은 우린
달콤한 시간에 빠져든다.

은은한 선율은
지난 추억을 그려 오고
그대와 함께하는
모닝커피 향은 그윽하다.

잔잔한 미소로
서로 모습을 바라보며
가슴속 따뜻한
사랑은 눈빛으로 흐르고,

소리 없는 안개비가
녹음이 짙은 산을
살짝 가려 주고 있어
그 경관은 너무나 아름답다.

행복으로 가득한 아침
우리는 그 배경을 바라보며
낭만적인 시간에
꿈같은 하루가 시작되고 있다.

봄날의 사랑

봄바람에 내 마음은
살랑대고
꿈결같이
사랑은 메아리쳐옵니다.

휘날리는 꽃잎처럼
속삭여져 오는
봄날의 사랑은
꿈으로 가득하기만 합니다.

부드러운 숨결이
앵두 빛
입술과 함께 다가오고
설레는 가슴은 뛰고 있습니다.

아름다운 봄
핑크빛에 물들고
봄날의 사랑은
그렇게 찾아오고 있습니다.

사랑싸움인가요

세상에서
가장 가까운 사람과
죽어라 싸웠습니다.
원수도 아닌데
승산도 없는 싸움을
왜 하는지 모르겠습니다.

싸움이 끝나고 나면
서로 쑥스러워
고개도 못 들고
민망해서
말을 못하고
꼴이 말이 아니랍니다.

부부가 아무리 싸워도
칼로 물 베기란
말도 있지만
애들도 커 가는데
우리 부부는
언제 철이 들려나 모릅니다.

"여보 우리 무릎 꿇고 기도나 합시다.

사랑의 바닷가에서

은빛 물결이 춤을 추던
수평선에
사랑의 꿈을 수놓던 바닷가

만남을 기쁨으로
노래하는
갈매기떼 합창은
파도 소리와 아름답게 들려온다.

수많은
소라와 조개껍데기로
수놓던 백사장
연인들의
사랑에 밀어로 이어지고,

다정한 연인의 발자국은
백사장을 수놓아
바닷가에 추억을 남긴다.

멀리 뱃고동 소리에
마음은 설레고
사랑의 숨결은 뜨겁기만 하다.

7.

여행 중에(essay)

기내에서 만난 여인

유럽 여행의 발걸음은 가슴을 두근거리게 충분했다. 네덜란드 항공으로 암스테르담까지…

정말 꿈에도 그리던 여행은 사춘기 아이 마냥 기대에 부 불었다. 거대한 기내의 환경에 싱글거림을 느끼며 남들에게 들킬세라 좌석을 찾았다. 이런!! 창문 쪽은 고등학교 남학생, 통로 쪽은 조금 차가워 보이는 듯한 여인이 앉아 있는 게 아닌가! 중간에 샌드위치 되어 어정쩡한 모습으로 자리에 앉았다. 마음도 불편하고 몸도 불편하기 그지없다. 오랜 시간을 기내에서 즐거운 대화를 나누고 싶었는데…

학생에게 말을 걸자니 그렇고, 더군다나 여인에게 말을 걸 수가 없었다. 좁은 자석에서 몸을 자유롭게 움직이기도 어려운 지경이었다. 학생은 바깥을 구경하느라 정신이 없었다.

힐끗힐끗 나도 창밖을 내다보았으나 감질만 나는 것이

영 답답했다. 불편해도 얼굴도 못 돌리고 있는데 더군다나 그 여인 쪽으론. 그런데 여인이 잠을 청하는 게 아닌가! 따분한 마음에 간혹 오가는 음료수를 마시고 참아 보려고 하는데... 아뿔싸~~

너무 많이 마신 음료수로 화장실이 급해졌다. 잠이 든 여인을 깨우고 화장실을 가려니 여간 어려운 일이 아니었다. 창피한 것도 같고 도저히 용기가 나지 않았다. 걱정하고 참고 있는데 마침 남학생이 화장실에 가고 싶다고 한다. 이때다 싶어 얼른 여인에게 핑계를 대고 양해를 구했다. "실례합니다." 그런데 이 여인, 비켜 달라는 말에 기분 나쁜 표정을 짓는 게 아닌가!

화가 슬그머니 나지만 겉으론 미소를 띠며 "죄송합니다." 했다. 젠장, 화장실 가고 싶은 사람 심정 너무 몰라주네. 아이고, 말도 못하고~~ 그러면 그렇지. 나 혼자 간다고 일어섰으면 얼마나 미웠을까? 그래도 마신 주스 덕분에 서너 번 안면 몰수하고 화장실에 다녀왔다.

휴~~ 옆 좌석도 사람을 잘 만나야 해. 하필 성질이 별로 안 좋아 보이는 여자가 앉아서 이 고생이야, 혼자 투덜거리며 중얼거렸다. 그러면서도 무엇이 무서운지 나의 기분 나쁜 감정을 들킬까 봐 무지 신경이 쓰인다. 겉으론 정중히 미소 지으며 간단한 대화를 하는 동안 드디어 목적지에 도착했다. 그 해방감이란~~~~ 얼마나 긴장하고 쪼그렸던지 온몸이 쑤시기까지 했다. 에그, 주스가 먹고 파도 참을걸. 눈치 없이 그놈의 소변은 왜 그리 마려운지, 킥킥대는 나의 모습, 혼자 싱글거리며 기내를 빠져나왔다.

원하는 예정대로 여행을 마치고 드골 공항에서 암스테르담 공항으로 다시 와서 네덜란드 항공기로 갈아타게 되었다. 좌석 배정대로 앉으니 이번에는 통로 쪽으로 앉게 되었다.

흠~~ 이젠 마음대로 화장실에 가도 되겠군, 지난번 너무 힘들었던 것을 생각하니 저절로 미소가 지어졌다.

그런데 이게 무슨 일이람~~ 저쪽에서 걸어오는 여인 하나!!! 좌석 번호를 확인하며 오는 게 아닌가?

가슴이 갑자기 이상해졌다. 좋은 건지, 반가운 건지, 불안한 건지, 감정 조절이 안 된다. 설마 하는 불길한 마음을 떨치려 표정 관리부터 하고, 내 옆을 지나면 가볍게 인사라도 해야지, 마음먹었다.

아니나 다를까? 그 여인 반가운 마음인지, 아니면 나처럼 아니 또 하는 건지 화들짝 놀래며 바라본다.

"어머 안녕하세요? 또 같이 가게 되었네요." 이런, 불길한 마음이 딱 맞다니 신이여~~~. 화장실을 눈치 없이 오가던 나를 다시 떠올릴 여인을 생각하니 다시는 만나고 싶지 않은 여인이었는데, "안으로 들어가세요." 나는 자리를 비켜 드렸다. 이번에는 여인이 가운데 좌석에 배정되었다.

그런데 무슨 일이랴!! 이 여인 자리를 바꿔 달라는 게 아닌가? 나보고 자꾸 안으로 들어가란다.

어떻게 그런 말을 할 수 있어? 어이가 없어서 원... 갈 때 고생한 것이 눈에 선한데 안 되지~. "미안하지만 안 되겠습니다." 단호하게 말을 건네고 그녀를 자세히 보았다. 나보다 한 10년은 연하로 보였다. 별로 좋은 인연도 아닌데, 기분상 거절을 해 버렸다. 마음은 조금 편안치 않았지만 어쩔 수 없었다.

제멋대로 자리를 바꾸자는 그녀가 나의 큰딸 같기도 하고, 여하튼 좀 기분이 상했다. 그렇게 실랑이가 오고 가고 있는데 앞에 빈자리가 많은 것을 보고 여인은 휭~~ 소리를 내며 그곳으로 가 버렸다. 아이고, 잘 됐구나, 이제는 편하게 가겠구나, 마음이 편하면서도 조금 미안하기도 하고, 혹시 욕이나 안 하려나 하는 생각이 들었다.

드디어 인천공항에 도착했다. 여행자끼리 헤어지는 인사가 있었다. 무슨 인연이라고, 그 여인 눈치를 보게 되었는데 나를 보고 웃는 게 아닌가! 어! 나를 미워하지 않네, 괜히 자리를 양보할 걸 그랬나? 인솔자가 각각의 사람들의 메일 주소를 나누어 주었다. 그리고 모두 헤어졌는데 집에 와 잠을 자는데 이상하게 그 여인 생각에 잠이 오질 않았다. 사랑을 베풀어 드릴 걸~~ 하는 마음이, 아니면 불편했던 마음이 오히려 좋은 추억이 되었는지...

그리곤 생활이 바쁘다 보니 분주한 나날을 보내고 있는데 그 여인에게 소식이 왔다. 결혼한다고, 공부하느라 결혼이 늦었다고, 왜 이렇게 반가운 거야, 불편한 마음이 오갔어도 마음에 남은 여인에게서 소식은 반갑고 고마웠다. 지금도 카페에서 그녀의 소식을 접하고 있다.

그날 자리 양보를 안 한 것이 정말 미안하다. 그 여인에게 행복한 결혼 생활이 되시기를 기대하면서, 나의 따뜻한 사랑의 마음을 보낸다. ❦

▲ 바티칸에서

파리의 하늘 밑

스위스의 아름다운 설경 속에 우리는 테제베를 타고 예술의 도시 파리로 떠나게 되었다.

봉쥬르~~~ 이게 무슨 소리야! 코들이 막혔나! 나라마다 언어가 달라 고생을 했지만 불어는 통 모르겠으니...

우리는 첫 나들이로 나폴레옹의 대관식이 있었던 노트르담 성당에 가게 되었다. 거대한 성당 벽에 안과 밖이 그림과 같이 조각된 수많은 작품에 감탄사가 절로 난다. 이 모든 작품들이 중세시대 때 만들어진 것이라니 정말 믿어지지 않는다. 규모는 9,000명이나 수용할 수 있다니 얼마나 큰지 진작이 가고도 남는다. 그런데 난 영화에서 본 노트르담의 꼽추가 자꾸 생각이 난다.

우리는 또 버스를 타고 루브르 박물관에 가게 되었다. 안내자 선생님들의 설명을 듣는 이, 기념 촬영을 하는 사람, 시장통 보다 바쁘게 움직인다. 정신이 하나도 없다. 이 많은 작품을 어떻게 다 보나 우리같이 한곳에 머물다간 몇 날을 봐도 다 못 보겠다. 아니, 저 여인네는 옷이라도 걸치지 홀랑 벗었대? 그래 책에서 보았던 그 여인이구먼! 쳐다보는 것도 죄가 되는 것 같아 같이 갔던 여선생님이 날 떠다민다.

여기는 밀로의 비너스. 와! 진짜네! 여행은 그 나라의 박물관 관람 잘하고 오는 것이 참된 묘미라 하던데, 비너스 양팔이 없구나! 뒷모습을 보니 앞쪽과는 달리 등이 파손되었구나! 누가 치료 좀 해주지. 그래도 작품 그대로 보존하는 것이 좋다고, 정말 멋진 작품 앞에 감탄이 저절로 나왔다.

헤라 클래스 속옷은 어디에다 놓고 서 있나? 여인네들 왔다 갔다 하는데, 공연히 내가 낯이 붉어지네. 에구, 손수권이라도 있으면 가려줄 텐데...

바쁘게 움직이고 있는데, 지나가는 나를 따라 쳐다보며 잔잔한 미소를 보내주는 분이 있다.

레너드 다빈치 모나리자였다. 와~ 진품이다. 유사품만 보아왔는데 이곳 액자에 잘도 보관해 놨구먼!

친구와 같이 왔다 갔다 하며 움직이는데 모나리자도 우리를 따라 쳐다본다. 오랜 시간 가슴에 담고 가라고 미소를 자꾸 보내 주니 정말 좋다. 루브르 박물관은 고대 아시아관, 고대 이집트관, 그리스 로마관, 고대 동양관, 조각과 회화관 등 일곱 개의 전시실로 나누어져 있다.

우리는 다음 몽마르트르와 개선문을 거쳐 센강에 왔다. 유람선을 타기 위해서다. 그런데 어찌 이런 일이…

비가 너무 많이 와 강물이 불어 기상청에서 유람선을 타기 어렵단다. 우리는 강변을 따라 다른 유람선을 오르게 되었다. 밤이 되어 파리의 야경은 정말 아름답다. 한강보다는 좁지만, 주위에 건축물들의 조화 속에 조명발은 정말 아름다웠다. “이곳에도 자유의 여신상이 있네!” 또 에펠탑의 조명은 발광하는데 크리스마스트리처럼 현란했다. 선상에서 보는 에펠탑은 정말 아름답다.

우리 일행은 또 입장권을 하나씩 받고 에펠탑에 오르게 되었다. 그렇게 와 보고 싶었던 곳에 왔구나.

에펠탑에 오르는데 중간에 한번 승강기를 갈아타고 끝까지 올라갔다. 파리의 시가지들은 예술적인 면모가 보인다. 기분이 날아갈 것 같았다. 에펠탑은 1889년 만국 박람회를 위해 지어진 건축물이었다. 지금은 파리의 상징물로 자리 잡고 있다. 여기 와서 들으려고 워크맨을 가져왔는데 파리의 하늘 밑 파리를 생각하는 음악이라서 더 즐거웠다. 샹송 가수 쥬리에뜨 그레이꼬 씨는 아직 살아계시는지… 울려 퍼지는 음악 구름에 떠 있는 기분이다. 실제 구름이 에펠탑을 스치고 간다. 파리는 그 자체가 예술인 것 같다.

파리의 하늘 밑에서 만난 멋진 예술품들, 그리고 에펠탑

을 가르고 지나는 구름 속에 감미로운 샹송 듣는 이 순간은 난 꿈속에 빠진 것만 같다. ❦

▲ 몽마르트 언덕

이스라엘 땅에 들어가기까지

우리는 요르단을 통해 느보산 언덕에서 모압 평지를 쳐다보게 되었다. 뿌연 모래 폭풍 가운데 약속의 땅이 보이기 시작했었다. 모세가 느보산에서 마지막으로 이스라엘 백성을 인도한 그곳이다. 얼마나 들어가고 싶은 땅이었을까. 주님께서 약속하신 그 땅을 우리는 기쁨과 설레는 마음을 가지고 쳐다보고 있었다. 우리는 버스를 타고 이스라엘 국경으로 들어가게 되었다.

총을 들고 경비가 장엄한 군인들이 보인다. 세관에서 첫 이스라엘 사람과 눈인사 정도를 했다.

그런데 인솔자 선생님 절대 영어는 하지 말라고 한다. 그렇게 되면 꼬치꼬치 캐물어 수속이 늦어지고 의심을 한다는 것이다. 세관에 여러분이 수속을 마치면서 나의 차례가 되었다. 아름다운 출입국 아가씨가 나의 짐을 풀게 되었는데, 하드 백의 모든 것을 다 펼쳐 놓고 부끄럽게 속옷을 다 후들러 놓았다. 나의 가방 속에는 헌 속옷 헌

양말이 좀 지저분했었다. 쇼핑을 하면서 헌 속옷은 버리고 새 물건으로 교체하기 위한 작전이었다.

같이 가던 자매님들이 내 가방을 보는 것을 보니 나의 속을 보는 것 같았다. 다른 분들은 무사히 패스하는데, 난 이곳에서 20분 정도 까다롭게 가방 검사를 하고 있었다. 검색원 아가씨들이 기관총 메고 너무하는 것 아닌지, 우리는 이스라엘을 얼마나 사랑하는데 아는지 모르는지… 탐지기까지 가져와 나의 종려나무열매 20kg 1박스씩 약품을 발라가며 검사를 하는 것이었다.

이것이 무엇이 무엇입니까? 질문을 한다. 나보다도 더 잘 알면서 물어보시네! "그것은 Tamar 다마르 종려나무 열매요." 시나이반도에서 산 종려나무 열매인데 마약 성분이 있는지 검사 중이란다. 이스라엘은 물건이 비싸다고 하기에 이집트에서 사 온 것인데 너무 힘이 들었다. 한국인이 경영하는 (한강식당)에서 샀는데 보너스로 몇 Box를 더 주었다. 그렇지만, 너무 무거워 여행 중 다들 같이 먹고 또 나누어 주었다. 이 무거운 것을 가지고 3개국을 더 가야 하기 때문에 피로가 더 빨리 오는 것 같았다. 이스라엘 보안직원이 인솔자님과 대화를 하는데 30분가량 대화가 오고 간다. 이스라엘을 왜 왔느냐, 하던 말 또 하고 또 해, 보면 모르니 예수 믿고 성지순례 왔다. 첫 관문치곤 신고식 제대로 하는구먼, 이스라엘을 사랑하여 민요 하

▲ 예루살렘에서

바나 길라도 배워가며 사랑하는 마음을 가지고 왔는데 조금 신경이 쓰인다.

모든 검사를 마치고 인솔자 전도사님이 이제는 안전하다. 더는 검사는 없다고 한다. 이곳은 주변국 아랍국가와 전시 상태이기 때문에 심각성을 이야기한다. (예) (이스라엘을 지중해에 밀어버리자 아랍 국가들은 이스라엘을 노리고 있다고 한다. 이스라엘은 주변국에 공격이 있으면 모두 죽는다. 이런 방어 태세를 갖고 있단다. 이집트에서 공격이 있으면 피라미드는 날아갈 것이다.

심각한 국가의 신앙과 적대감으로 차 있다는 것이다. 이스라엘 여행 중에는 항상 가방과 2미터 이상 떨어지지 마라. 폭탄으로 간주하고 신고한다고 인솔자님이 말씀이었다. 나는 모든 것을 이해하고 버스를 탔지만, 나의 상한 마음을 달랠 길이 없었다. 한국에서 올 때는 이스라엘이 우리를 가장 가까운 형제로 맞이하는 줄 알았는데 정말 가나안 땅 들어가기 어렵다.

호텔에 여정을 풀고 새벽 5시에 새벽 예배를 드리고자

호텔 밖으로 나왔지만, 교회는 없고 해서 갈릴리호수에서 조용히 기도드리고 하루를 준비했다. 갈릴리의 아침 배를 타고 가버나움으로 향하게 되었는데 샤론의 꽃이 피어 날 반겨 주고 있었다. 이 길은 분명히 사랑하는 예수님이 걸어가셨겠지! 주님 향한 나의 마음이 기쁨으로 다시 돌아오고 있었다.

사랑으로 껴안을 그대

인쇄 2008년 7월 17일
발행 2008년 7월 24일

지은이 김 득 수
펴낸이 김 창 석
펴낸곳 홍익출판사

대구광역시 중구 삼덕3가 245-2
☎ (053) 421-6700, 427-3627

ISBN 978-89-7826-191-3 03800

정가 8,000원